Workbook

Double R Publishing, LLC

Author & Project Director:
Raquel Reyes

Co Authors:
Silvia Diez, Aída Fernández

Illustrations:
Mercedes Chavez

Graphic Designer:
María Artola

Printing:
Eagle Lithographers, Inc.

¡Muy bien! Workbook Book Level B
ISBN 0-9713381-1-6

2006 Edition

Manufactured in the United States of America.

Double R Publishing, LLC.
Distributed by:
ABC'S Book Supply, Inc.
7301 West Flagler Street
Miami, Fl. 33144
Toll Free 1-877-262-4240

Contenido

Nombre ______________________ Fecha ______________

Une:

¡Buenos días, Omar!
¡Buenos días, Sra. López!

¡Buenas tardes, Omar!
¡Buenas tardes, Sra. López!

¡Hola, Inés!
¡Buenos días, Ema!

¡Adiós, Inés!
¡Hasta luego, Ema!

¡Hola, Ulises!
¡Buenas tardes, Juan!

¡Buenos días, Ulises!
¡Buenos días, Juan!

Nombre ______________________ Fecha ______________

Circula:

Me llamo Ema. ¿Y tú?

Me llamo Inés.

¡Buenos días! Me llamo Sra. López. ¿Y tú?

Me llamo Ana.

¡Buenas tardes! Me llamo Omar. ¿Y tú?

Me llamo Ulises.

¡Hola! ¿Te llamas José?

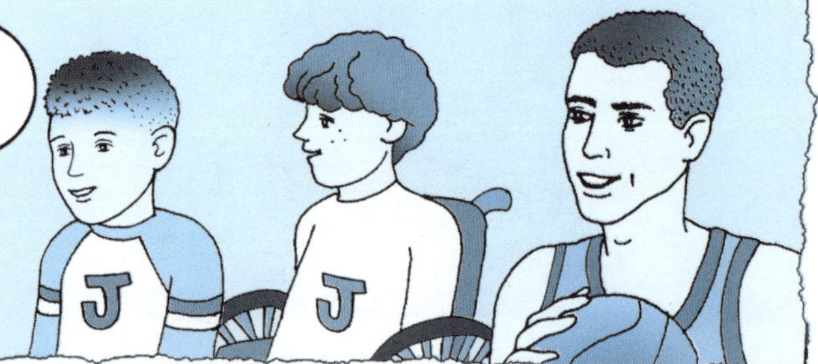

No, **me llamo** Juan.

Me llamo

Nombre ______________________________ Fecha ____________________

Circula:

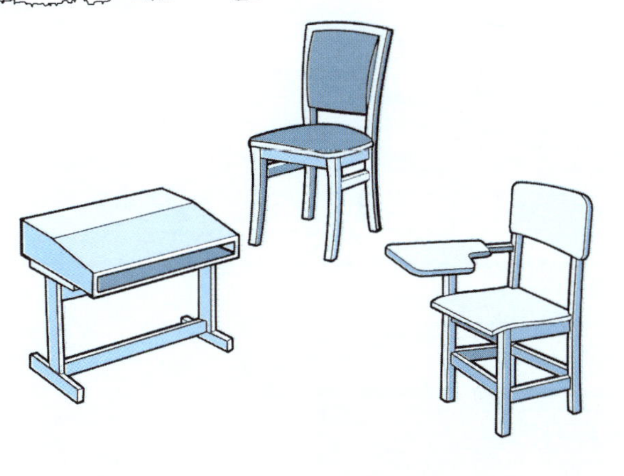

Es la silla.

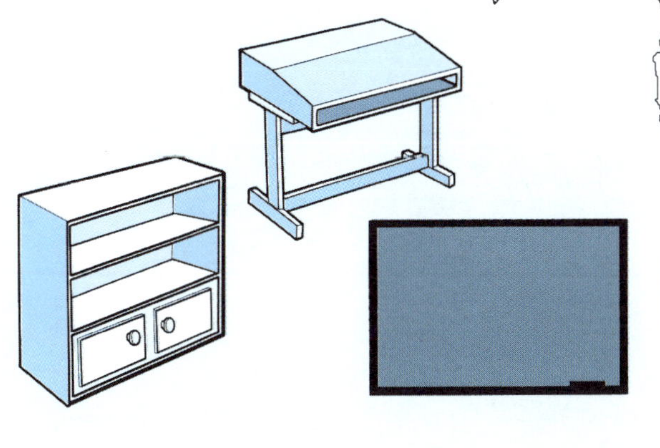

Es la pizarra.

Es la puerta.

Es el librero.

Es el reloj.

Es el pupitre.

Nombre ______________________________ Fecha ____________________

Circula:

el
la

el
la

el
la

el
la

el
la

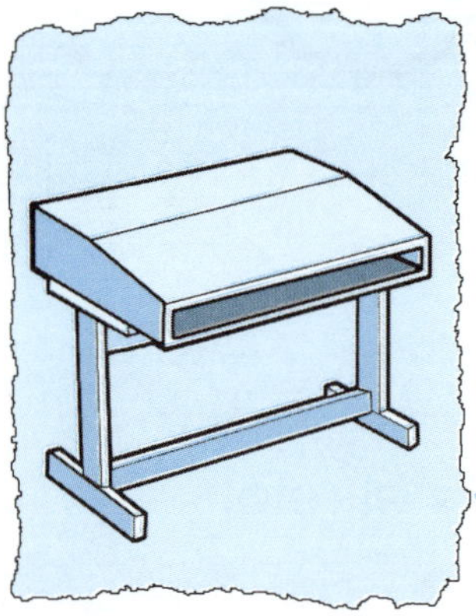

el
la

el
la

el
la

el
la

Nombre ______________________ Fecha ______________________

Une:

Nombre ______________________________ Fecha ____________________

Colorea:

negro verde amarillo blanco rojo azul

verde
verde
amarillo
amarillo
azul
azul
amarillo
amarillo
rojo
verde
blanco
rojo
blanco
negro
rojo
negro
negro
amarillo
amarillo
amarillo
azul
negro
azul
azul
azul
azul

LECCIÓN 1

Nombre ______________________ Fecha ______________________

Une:

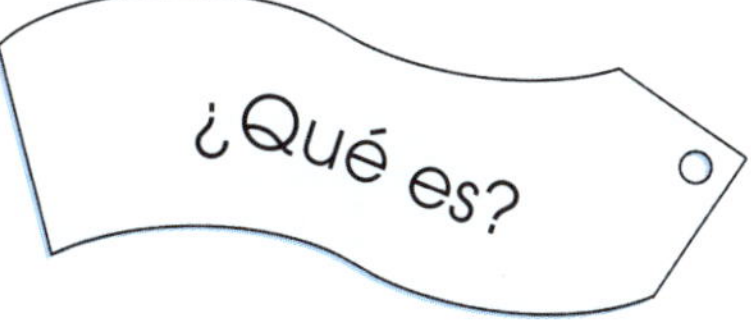

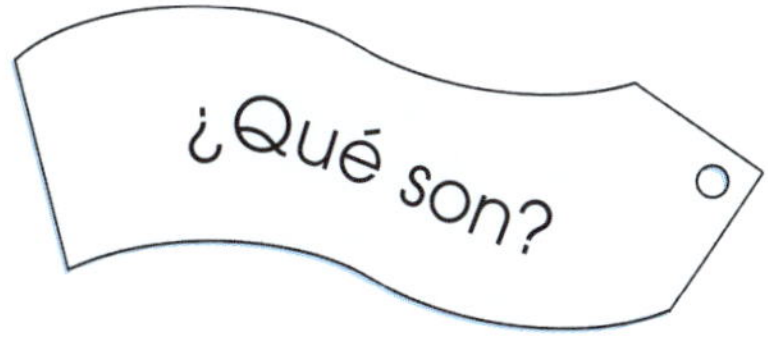

Nombre ______________________ Fecha ______________

Une y Colorea:

- Es el pupitre.
- Es la ventana.
- Son los creyones.
- Es la regla.
- Son las mesas.
- Son los bloques.

Nombre ______________________________ Fecha ____________________

Circula:

1. El lápiz está **sobre el** pupitre. 
2. La mochila está **al lado de** la silla. 
3. Los bloques están **debajo de** la mesa. 
4. La ventana está **detrás del** librero. 
5. El reloj está **arriba de** la pizarra. 
6. La regla está **en la** mochila. 
7. El libro está **en el** librero. 
8. La silla está **frente a** la pizarra.

Nombre ______________________________ Fecha ____________________

Colorea:

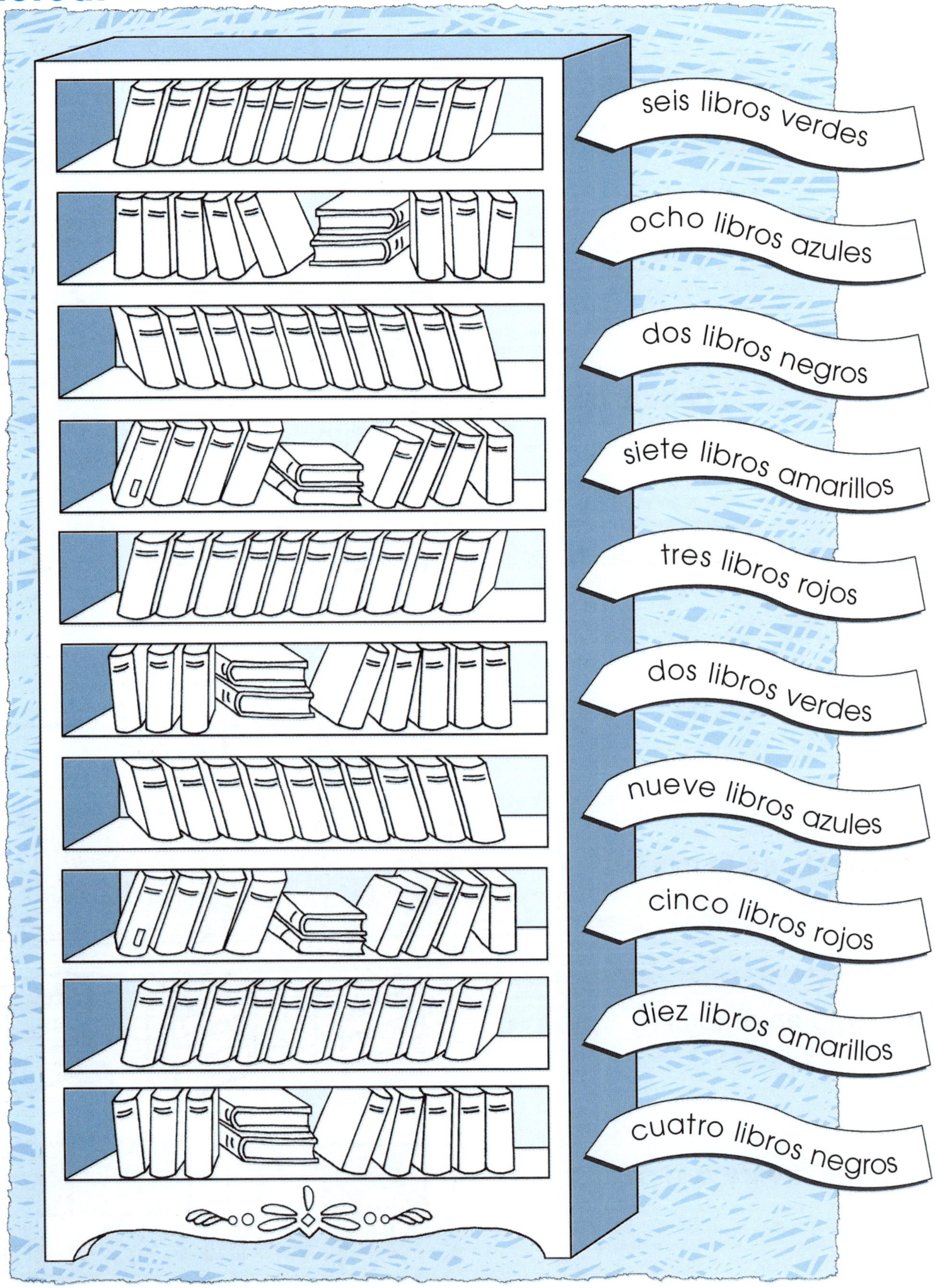

seis libros verdes

ocho libros azules

dos libros negros

siete libros amarillos

tres libros rojos

dos libros verdes

nueve libros azules

cinco libros rojos

diez libros amarillos

cuatro libros negros

Nombre ______________________________ Fecha ____________________

Une:

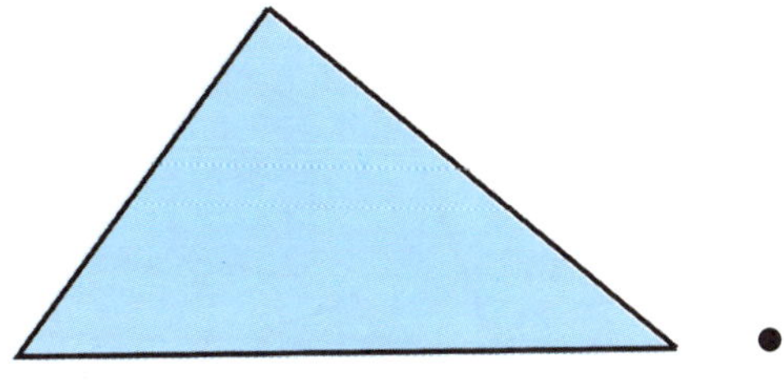

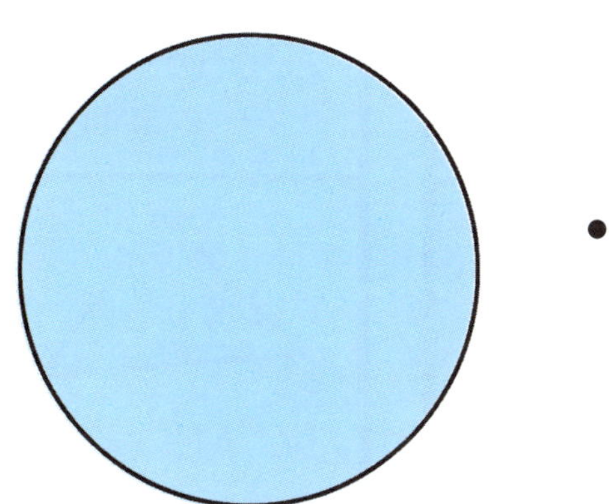

LECCIÓN 2

Nombre ______________________ Fecha ______________________

Juega y repasa:

¿Cómo estás tú?

¿Qué es?

¿Cuántos son?

¿Dónde está la mochila?

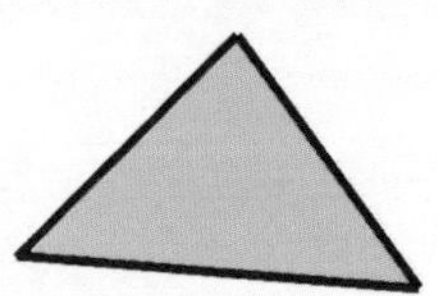

¿Qué es?

¿Qué son?

¿Dónde está el librero?

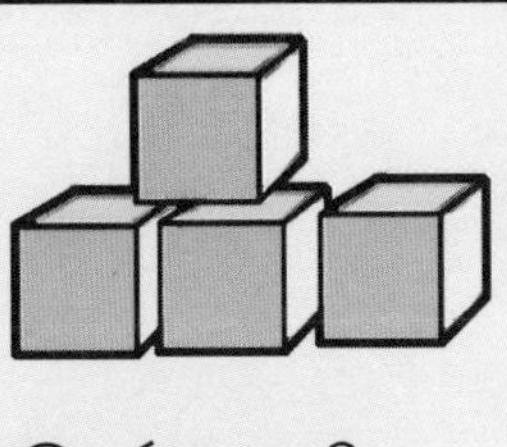

¿Qué son?

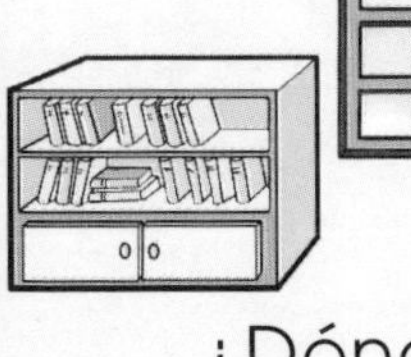

¿Cómo te llamas?

¿Qué número es?

¿Dónde está el reloj?

¿De qué color es?

¿Qué es?

¿Cuántas son?

¿Dónde está el pupitre?

¿Dónde está la maestra?

LECCIÓN 2

Nombre ______________________________ Fecha ____________________

Une:

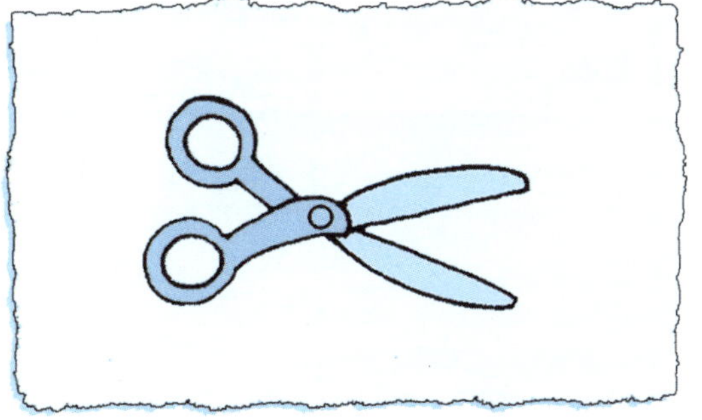

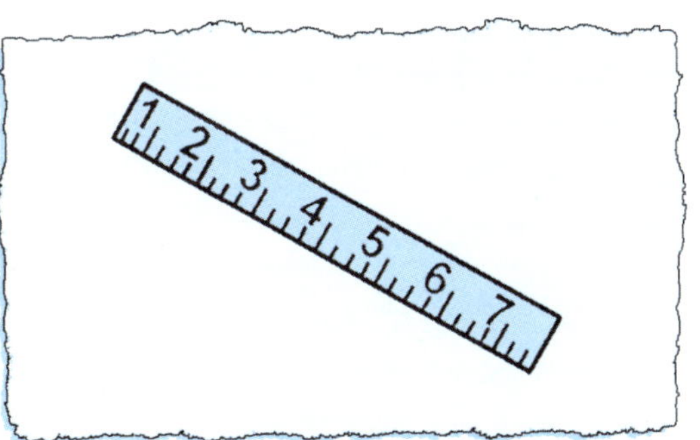

Quiero las tijeras, por favor.

Quiero los creyones, por favor.

Quiero la libreta, por favor.

Quiero la regla, por favor.

Quiero los bloques, por favor.

Nombre ______________________ Fecha ______________________

Circula:

¿Qué quieres?

Quiero las tijeras.

¿Qué quieres?

Quiero dos creyones.

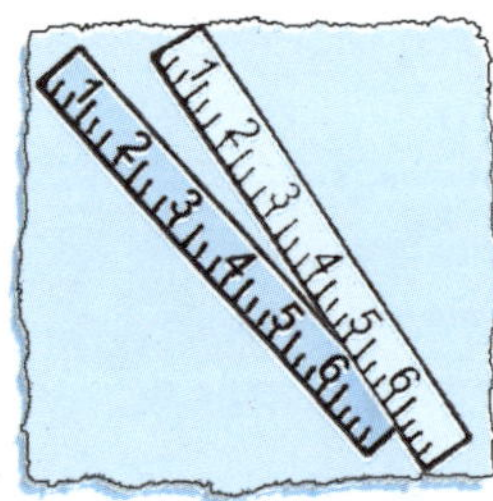
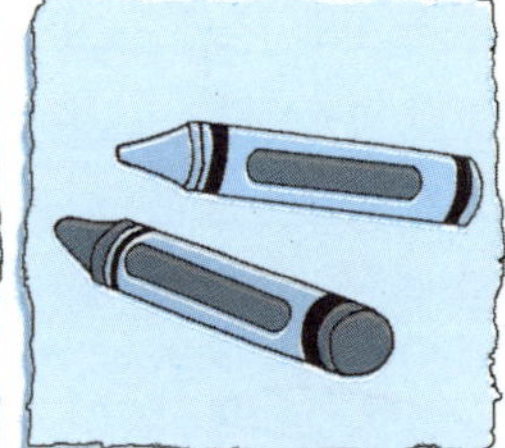

¿Qué quieres?

Quiero los bloques.

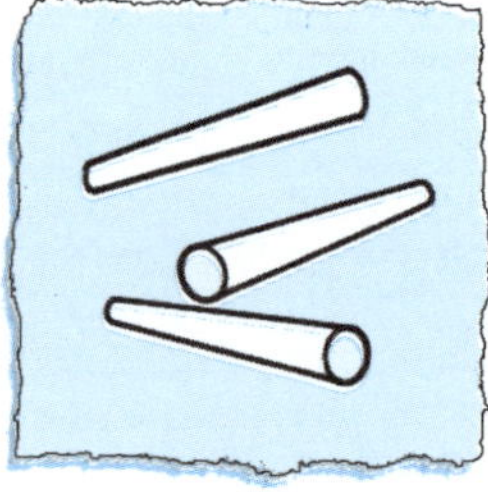

¿Qué quieres?

Quiero el lápiz.

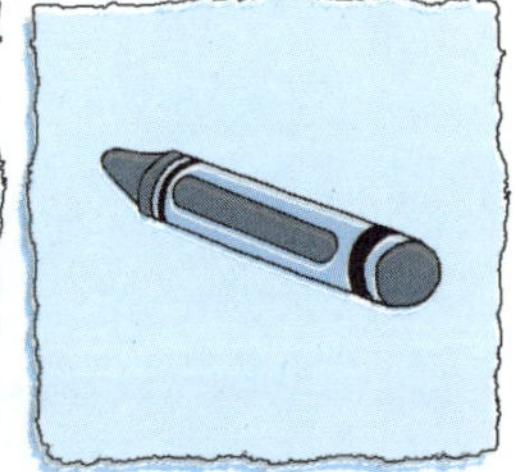

¿Qué quieres?

Quiero la libreta.

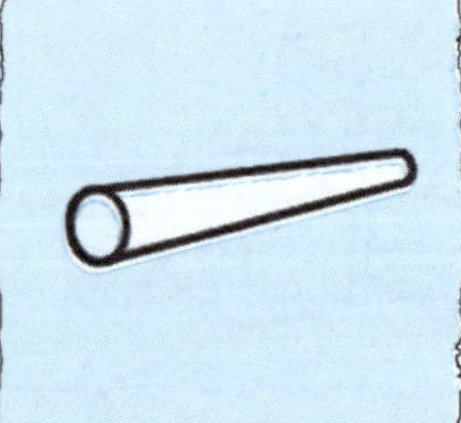

¿Qué quieres?

Quiero la regla.

Nombre ______________________________ Fecha ____________________

Completa:

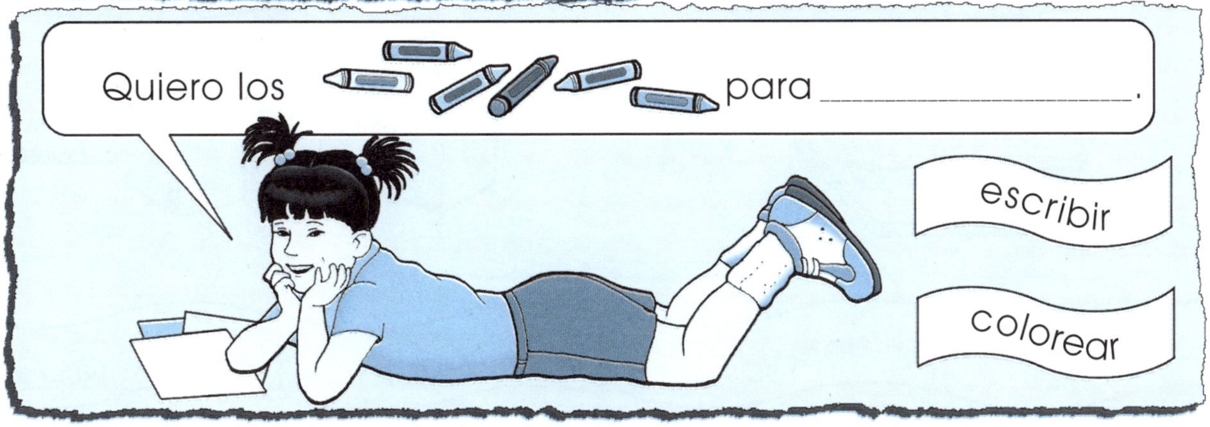

Quiero el [lápiz] para ____________________.

escribir

colorear

Quiero las [tijeras] para ____________________.

pegar

recortar

Quiero la [goma] para ____________________.

leer

pegar

Quiero el [libro] para ____________________.

leer

escribir

Quiero los [crayones] para ____________________.

escribir

colorear

Nombre ______________________ Fecha ______________

Escribe:

Quiero la mochila, por favor.

¿Dónde está?

Está ______________ la mesa.

Quiero los libros, por favor.

¿Dónde están?

Están ______________ la mochila.

Quiero la regla, por favor.

¿Dónde está?

Está ______________ los libros.

Quiero el lápiz, por favor.

¿Dónde está?

Está ______________ los bloques.

detrás de	debajo de	sobre	al lado de

Nombre ______________________ Fecha ______________

Escribe:

1) El libro para colorear está

______________ la libreta.

2) La goma de pegar está

______________ pupitre.

3) Las tijeras están ______________ mochila.

4) La regla está ______________ la silla.

5) La ventana está ______________

librero.

6) La puerta está ______________

los bloques.

7) Los creyones están ______________

librero.

sobre el

arriba del

al lado de

frente al

detrás de

debajo de

en la

Nombre ______________________________ Fecha ____________________

Une y escribe:

¿Qué quieres?

Quiero 4 reglas.

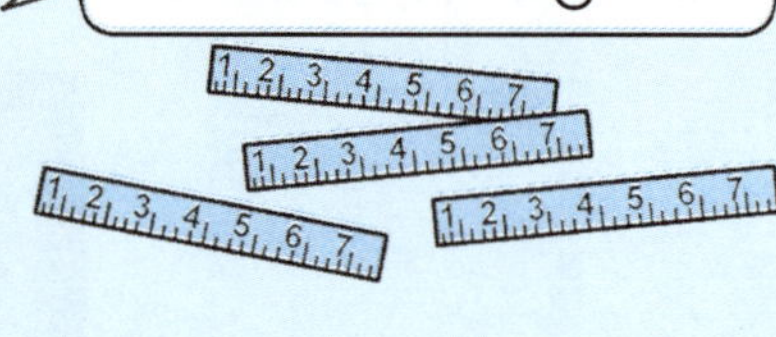

____

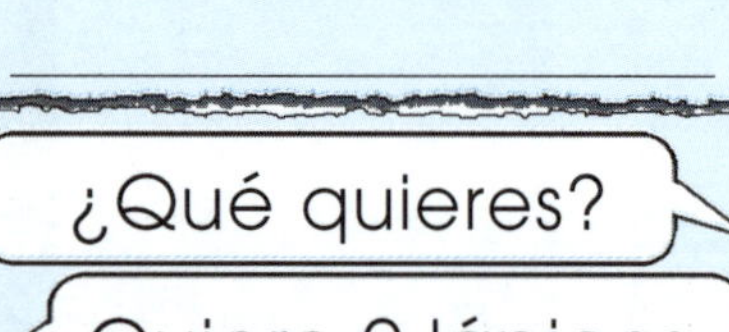

¿Qué quieres?

Quiero 9 lápices.

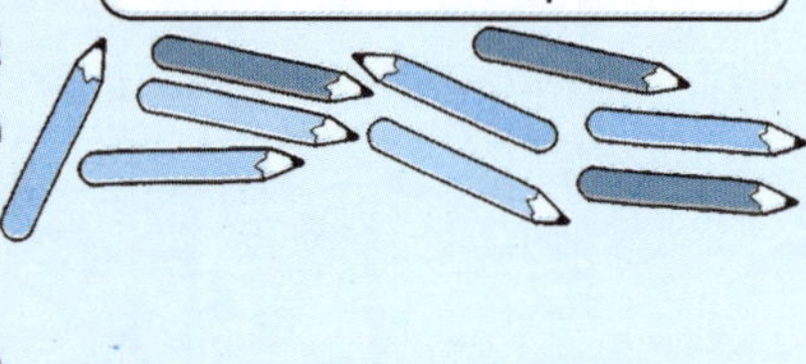

____

¿Qué quieres?

Quiero 10 creyones.

____

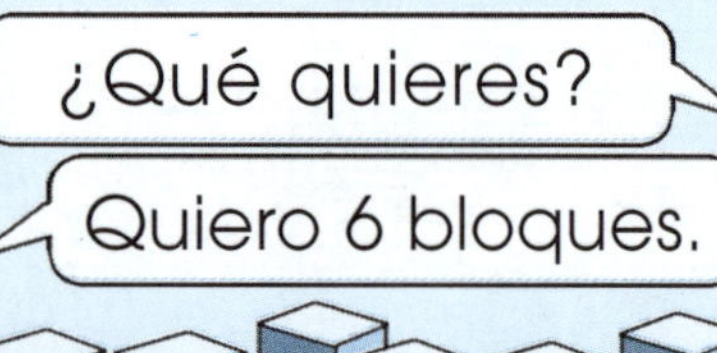

¿Qué quieres?

Quiero 6 bloques.

____

¿Qué quieres?

Quiero 7 libros.

____

- una
- dos
- tres
- cuatro
- cinco
- seis
- siete
- ocho
- nueve
- diez

¿Qué quieres?

Quiero 3 tijeras.

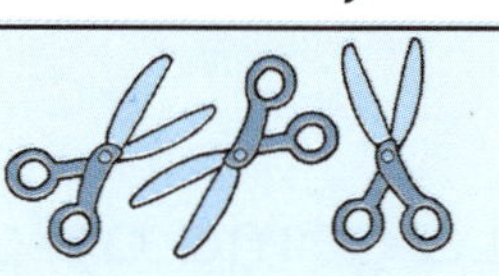

____

¿Qué quieres?

Quiero 2 libretas.

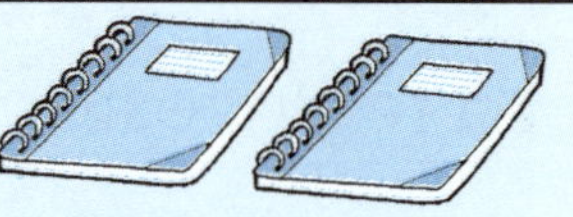

____

¿Qué quieres?

Quiero 8 tizas.

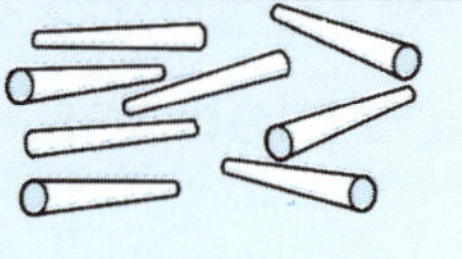

____

¿Qué quieres?

Quiero 1 mochila.

____

¿Qué quieres?

Quiero 5 gomas de pegar.

____

Nombre ______________________ Fecha ______________

Escribe:

______________________ ______________________

______________________ ______________________

______________________ ______________________

aula	dirección	cafetería
biblioteca	oficina	patio

Nombre ______________________ Fecha ______________________

Une:

secretaria

Nombre ______________________________ Fecha ____________________

Marca:

❒ La secretaria está en el patio.
❒ La secretaria está en la biblioteca.
❒ La secretaria está en la oficina.

❒ La bibliotecaria está en la biblioteca.
❒ La bibliotecaria está en la oficina.
❒ La bibliotecaria está en el aula.

❒ La directora está en el patio.
❒ La directora está en la dirección.
❒ La directora está en la cafetería.

❒ El maestro de educación física está en el patio.
❒ El maestro de educación física está en la oficina.
❒ El maestro de educación física está en la cafetería.

❒ La empleada está en la cafetería.
❒ La empleada está en el patio.
❒ La empleada está en el aula.

❒ La maestra está en la biblioteca.
❒ La maestra está en el aula.
❒ La maestra está en el patio.

Nombre ______________________ Fecha ______________

Juega y repasa:

Nombre ______________________ Fecha ______________________

Une:

quince

doce

catorce

veinte

diecisiete

trece

dieciocho

once

diecinueve

dieciséis

Nombre ______________________ Fecha ______________________

Escribe:

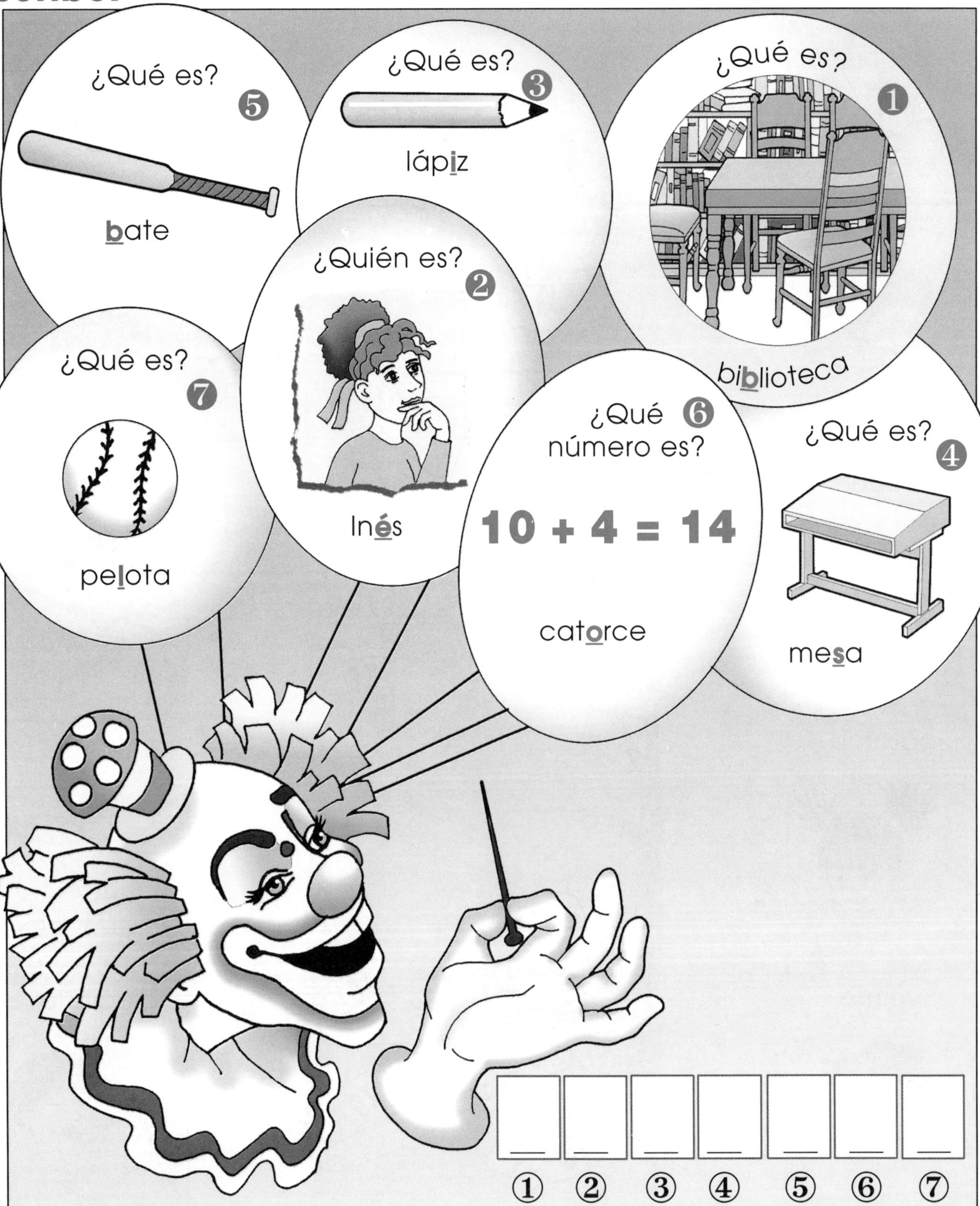

¿Qué es? ❺

bate

¿Qué es? ❸

lápiz

¿Qué es? ❶

biblioteca

¿Quién es? ❷

Inés

¿Qué es? ❼

pelota

¿Qué número es? ❻

10 + 4 = 14

catorce

¿Qué es? ❹

mesa

①	②	③	④	⑤	⑥	⑦
___	___	___	___	___	___	___

LECCIÓN 4

Nombre ______________________ Fecha ______________

Escribe:

mamá

Lupe

abuela

papá

abuelo

hermano

hermana

¿Cuántos son?

Son ______________

Completa:

Son los ______________.

Son los ______________.

Son los ______________.

hermanos abuelos padres

LECCIÓN 5

Nombre ______________________ Fecha ______________

Une:

Pequeña

Nombre ______________________________ Fecha ____________________

Escribe:

El abuelo se llama

______________ .

La abuela se llama

______________ .

La mamá se llama

______________ .

El papá se llama

______________ .

El hermano se llama

______________ .

La hermana se llama

______________ .

Me llamo

______________ .

¿Cuántos son?

Son ______________________ .

Es una familia ______________________ .

grande	mediana	pequeña

Nombre ______________________ Fecha ______________________

Completa:

mi / mis

1) Es  silla.

1) Son __________ sillas.

2) Es __________ libro.

2) Son __________ libros.

3) Es __________ gato.

3) Son __________ gatos.

4) Es __________ abuelo.

4) Son __________ abuelos.

tu / tus

1) Es __________ pelota.

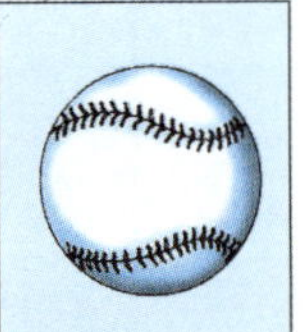

1) Son __________ pelotas.

2) Es __________ plato.

2) Son __________ platos.

3) Es __________ libro.

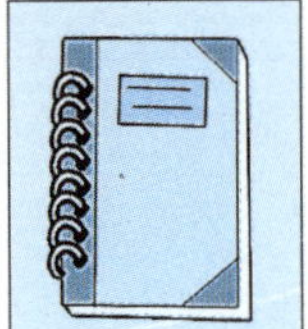

3) Son __________ libros.

4) Es __________ creyón.

4) Son __________ creyones.

Nombre ______________________________ Fecha ____________________

Circula:

grande

mediano

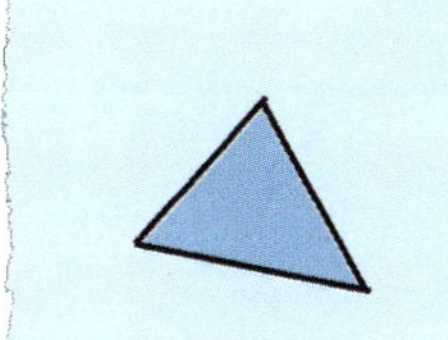 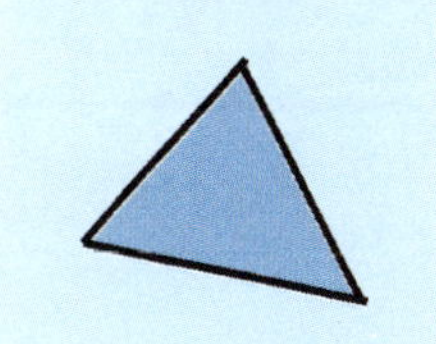 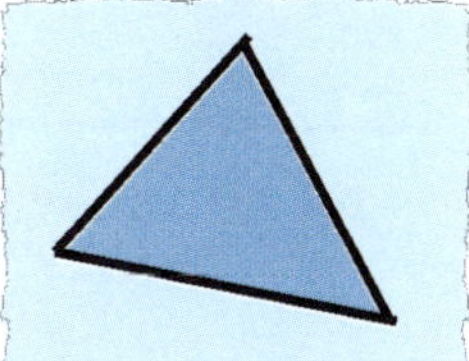

pequeño

 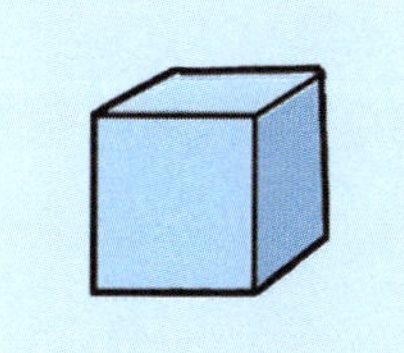 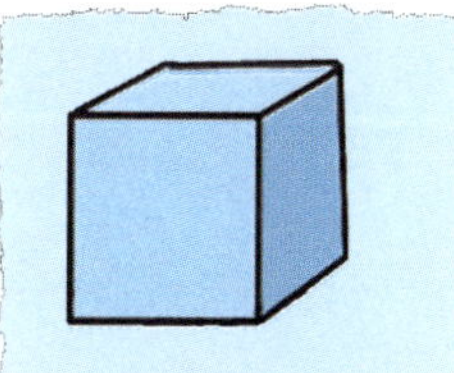

mediano

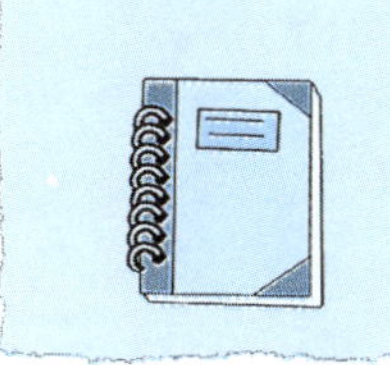 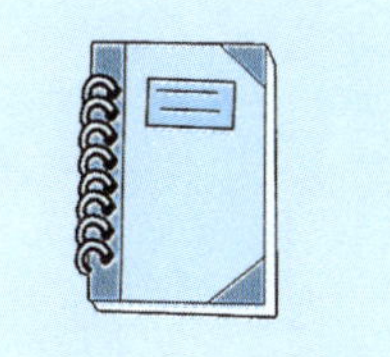 

mediana

  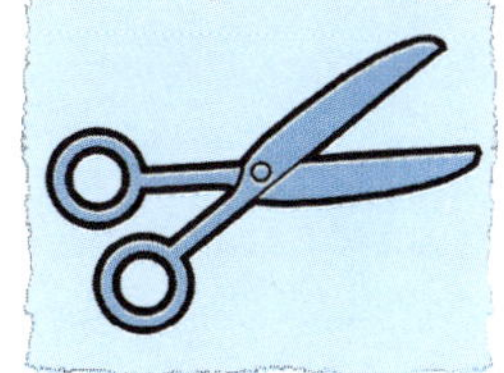

grande

pequeña

grande

Nombre ______________________ Fecha ______________

Ordena:

Nombre ______________________________ Fecha ____________________

Escribe:

1) ______________________________

2) ______________________________

3) ______________________________

4) ______________________________

5) ______________________________

6) ______________________________

7) ______________________________

8) ______________________________

9) ______________________________

Nombre ______________________________ Fecha ____________________

Completa:

1) Vivo en una ______________________ .

2) Mi casa tiene dos ____________________ .

3) La chimenea está en el ________________ .

4) Mi casa tiene un ____________________ .

5) Detrás de la casa está el ______________ .

6) Al lado de la casa está el ______________ .

LECCIÓN 6

patio | garaje | casa

ventanas | techo | balcón

Nombre ______________________ Fecha ______________________

Une, lee y colorea:

2

3 4 5

1
16 6

7

12 11

15 8

14 13 10 9

1) Vivo en una casa amarilla.

2) Mi casa tiene jardín.

3) El garaje está al lado de la casa.

4) La chimenea está en el techo.

5) Mi casa tiene escalera.

6) Mi casa tiene dos ventanas azules.

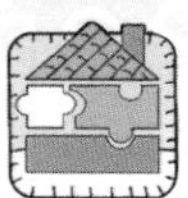

Nombre ______________________________ Fecha ____________________

Encuentra, circula y escribe:

salacocinacomedorbañodormitorio

1) ____________________ 3) ____________________ 5) ____________________

2) ____________________ 4) ____________________

Nombre ______________________ Fecha ______________

Completa y escribe:

c h i m e n e a

patio	cocina	sala	comedor	baño

Nombre ______________________ Fecha ______________

Ordena y escribe:

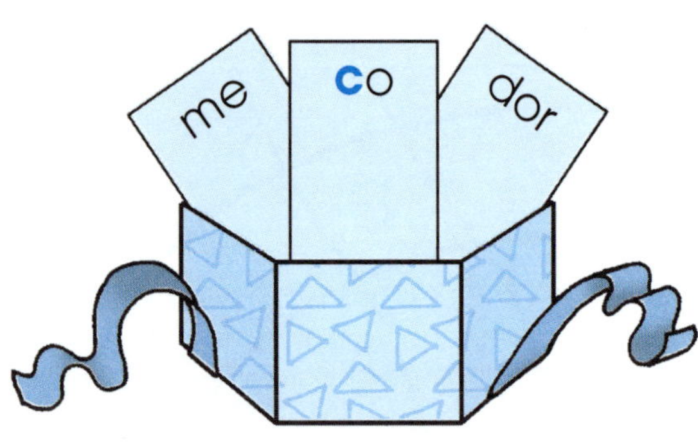

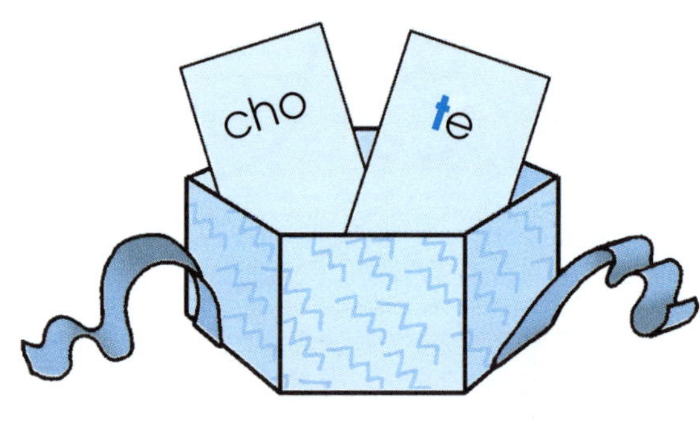

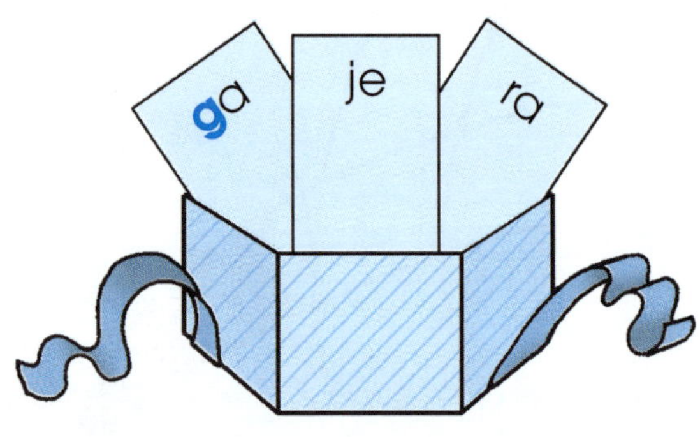

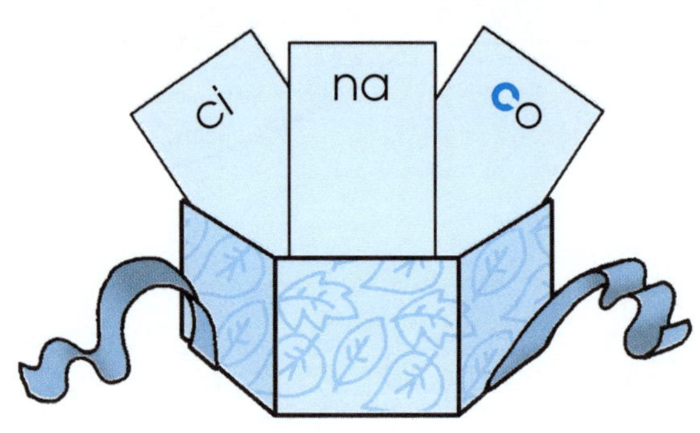

Nombre ______________________________ Fecha ____________________

Une:

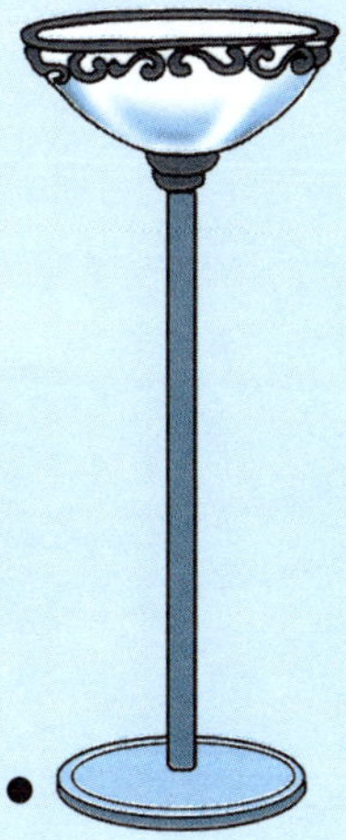

butaca

televisor

sofá

lámpara

mesa de centro

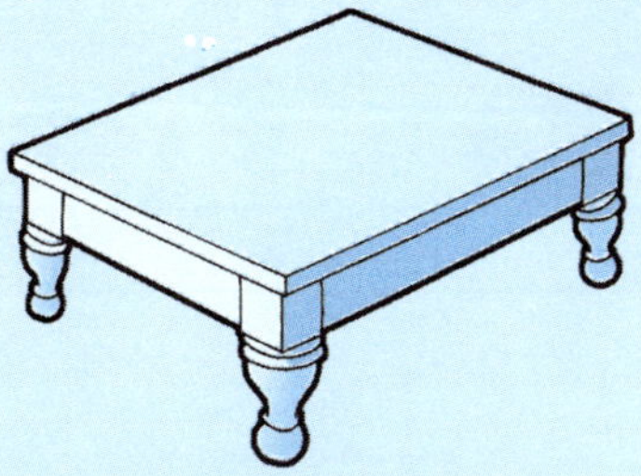

Completeta:

butaca

sofá

lámpara

mesa de centro

televisor

1) La ____________________.

2) El ____________________.

3) El ____________________.

4) La ____________________.

5) La ____________________.

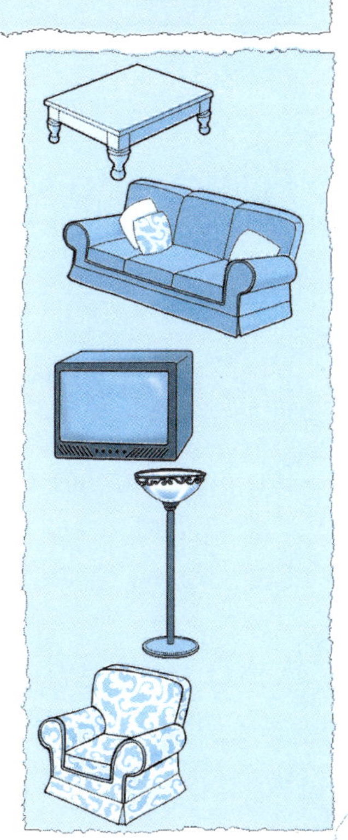

LECCIÓN 7

Nombre ______________________ Fecha ______________

Observa y completa:

1) El libro está sobre la ______________________ .

2) Mamá está detrás de la ______________________ .

3) Inés está frente al ______________________ .

4) Mi hermana está debajo de la ______________________ .

5) La abuela está al lado de la ______________________ .

6) Misú está en la ______________________ .

televisor
cama
mesa de centro
lámpara
butaca
cómoda

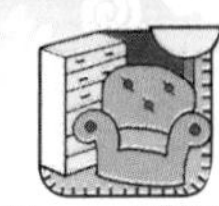

Nombre ______________________ Fecha ______________________

Observa y numera:

1 butaca
2 sofá
3 mesa de noche
4 lámpara
5 cómoda
6 espejo
7 gavetero
8 cama
9 fregadero
10 televisor
11 refrigerador
12 estufa

LECCIÓN 7

Nombre ______________________ Fecha ______________

Une:

- estufa
- cama
- refrigerador
- sofa
- cómoda
- butaca

Completa:

1) El sofá está en la ______________________ .
2) La cómoda está en el ______________________ .
3) La ______________________ está en la sala.
4) La ______________________ está en el dormitorio.
5) El refrigerador está en la ______________________ .
6) La ______________________ está en la cocina.

estufa
cocina
butaca
sala
cama
dormitorio

Nombre ______________________ Fecha ______________________

Circula:

m	a	s	a	l	a	c	s	r	e	l
t	p	o	c	u	c	o	o	i	n	a
m	n	b	d	a	p	r	f	s	c	m
a	e	r	t	w	r	c	a	p	c	p
f	r	e	g	a	d	e	r	o	o	a
e	t	c	a	h	o	r	n	o	c	r
s	a	a	b	b	i	c	e	p	i	a
c	o	m	e	d	o	r	s	c	n	p
o	s	a	m	n	e	i	p	p	a	e
f	c	t	e	s	t	m	e	s	a	s
b	u	t	a	c	a	v	j	m	n	t
t	e	l	e	v	i	s	o	r	z	u
w	y	o	c	u	m	c	t	c	v	f
g	a	b	i	n	e	t	e	s	z	a
l	a	v	a	p	l	a	t	o	s	b

sala	gabinetes	horno	mesa
sobrecama	cocina	butaca	sofá
televisor	comedor	estufa	fregadero
lámpara	lavaplatos	espejo	

Nombre ______________________________ Fecha ____________________

Observa, cuenta y circula:

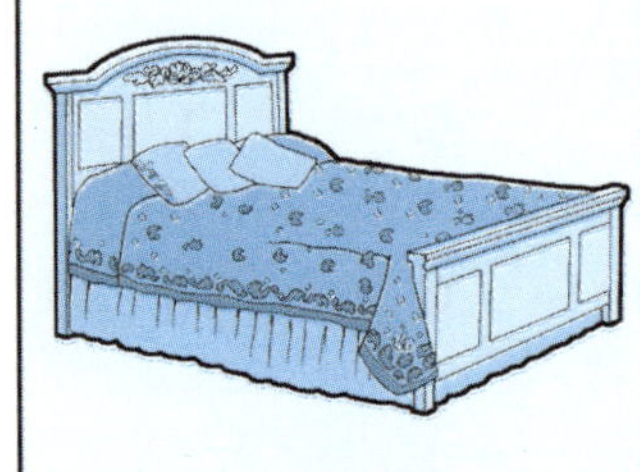   

  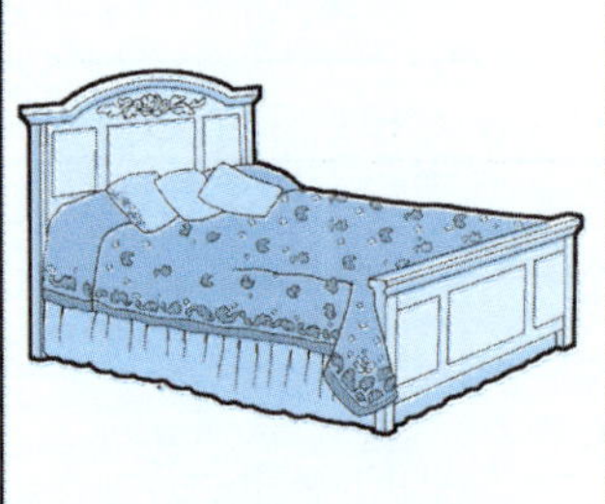 

   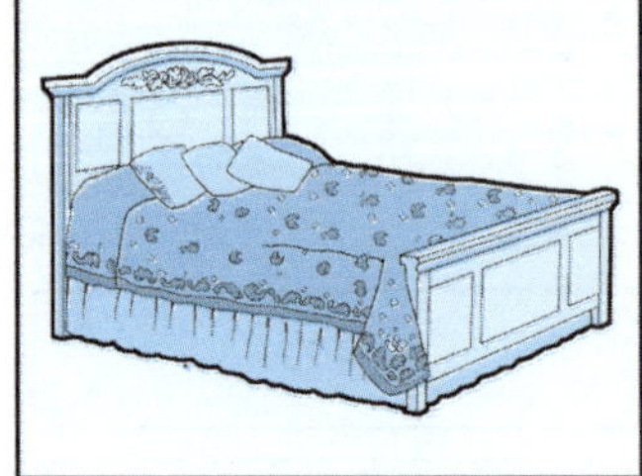

gavetero	1 2 3 4	mesa	1 2 3 4	fregadero	1 2 3 4
espejo	1 2 3 4	sofá	1 2 3 4	estufa	1 2 3 4
cama	1 2 3 4	televisor	1 2 3 4	lámpara	1 2 3 4

Nombre ______________________________ Fecha ____________________

Une:

• ordenador •

• cama •

• cómoda •

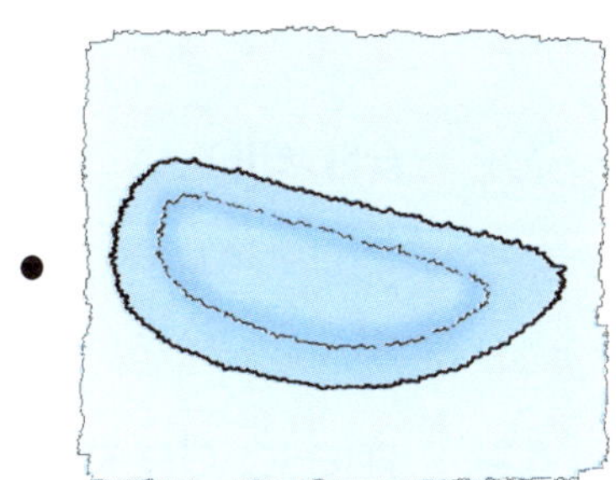

• cortina •

• juguetes •

• alfrombra •

Completa:

1) La ______________________________ es pequeña.

2) La ______________________________ está en el dormitorio.

3) Los ______________________________ están en el juguetero.

4) El ______________________________ es de mi hermano.

ordenador	mesa de noche	juguetes	cama

LECCIÓN 8

Nombre ______________________________ Fecha ____________________

Circula:

1) cama

2) juguetes

3) espejo

4) mesa de noche

5) ordenador

6) alfombra

7) cortina

8) lámpara

9) gavetero

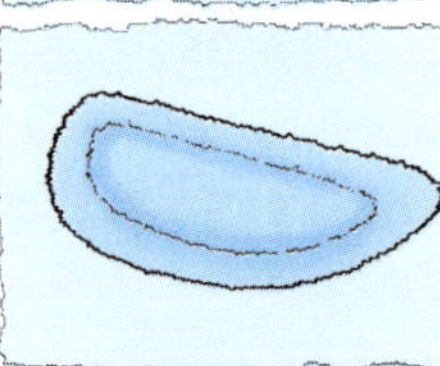

Completa:

Mi ______________________ es pequeño.  sala | dormitorio | cocina

Nombre ______________________________ Fecha ____________________

Une:

Completa:

1) La ______________________ está en el baño.

2) El ______________________ está en el baño.

3) La ______________________ está en el dormitorio.

4) La ______________________ está en el dormitorio.

5) El ______________________ está en el baño.

lavamanos | bañadera | inodoro | computadora

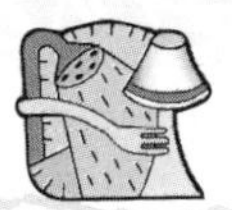

Nombre ______________________ Fecha ______________

Completa:

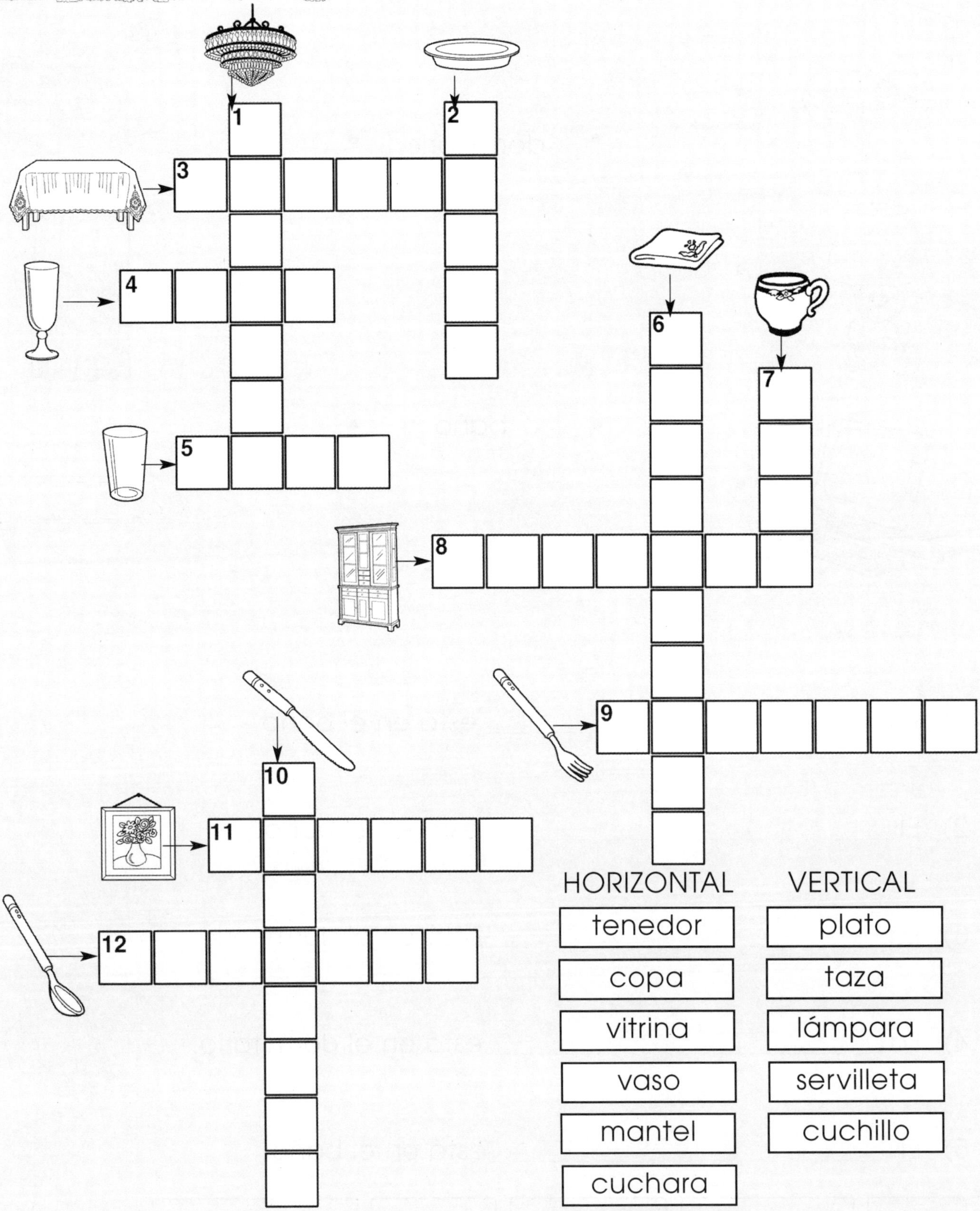

1 2 3 4 5 6 7 8 9 10 11 12

HORIZONTAL	VERTICAL
tenedor	plato
copa	taza
vitrina	lámpara
vaso	servilleta
mantel	cuchillo
cuchara	
cuadro	

LECCIÓN 8

Nombre ______________________ Fecha ______________

Ordena y escribe:

alfombra	lavamanos	inodoro	cortina	ducha	bañadera

Nombre ______________________ Fecha ______________

Circula y colorea:

Nombre ______________________ Fecha ______________

Escribe y circula:

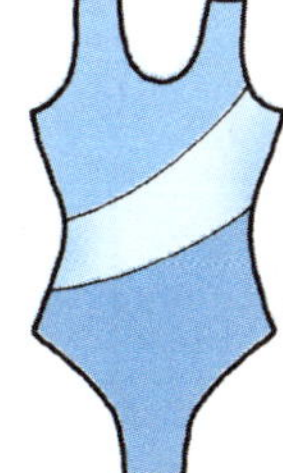

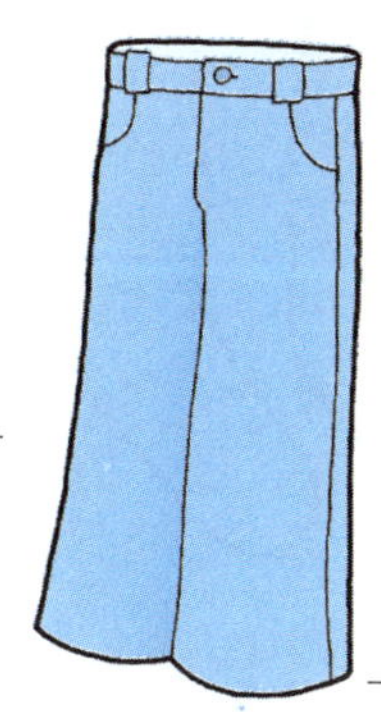

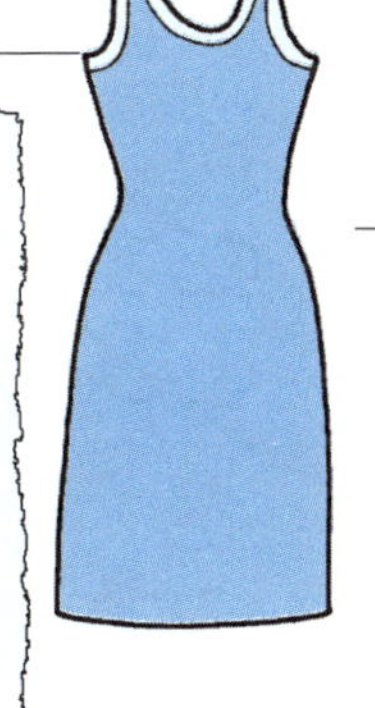

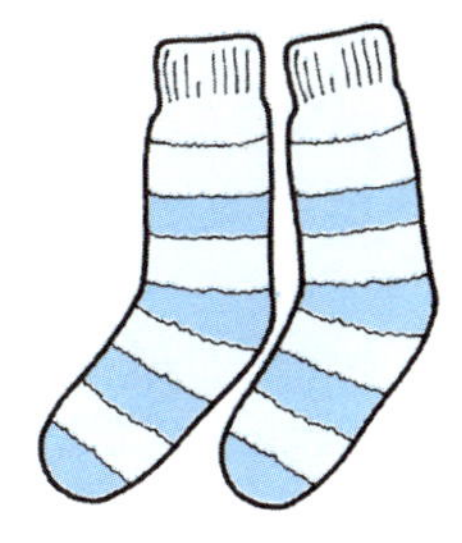

m	t	s	o	m	b	r	e	r	o	m	o	i
o	i	n	t	i	r	o	f	b	l	u	s	a
r	v	e	s	t	i	d	o	t	z	v	e	r
a	m	s	d	o	z	a	d	e	f	n	f	t
e	f	z	n	p	a	n	t	a	l	o	n	m
o	i	c	r	d	e	f	o	z	c	i	d	o
n	a	m	c	a	m	i	s	a	b	f	a	r
t	b	o	f	r	e	f	t	s	z	i	c	o
m	e	d	i	a	s	a	m	t	r	u	s	a
v	i	q	z	d	o	s	d	e	v	n	s	b
t	a	g	o	r	r	a	i	t	s	a	i	v
e	z	o	t	n	a	r	c	n	f	s	t	e
f	a	l	d	a	m	z	a	p	a	t	o	s

gorra | zapatos

blusa | pantalón | camisa | sombrero | trusa | falda | vestido | medias

Nombre ______________________________ Fecha ____________________

Colorea:

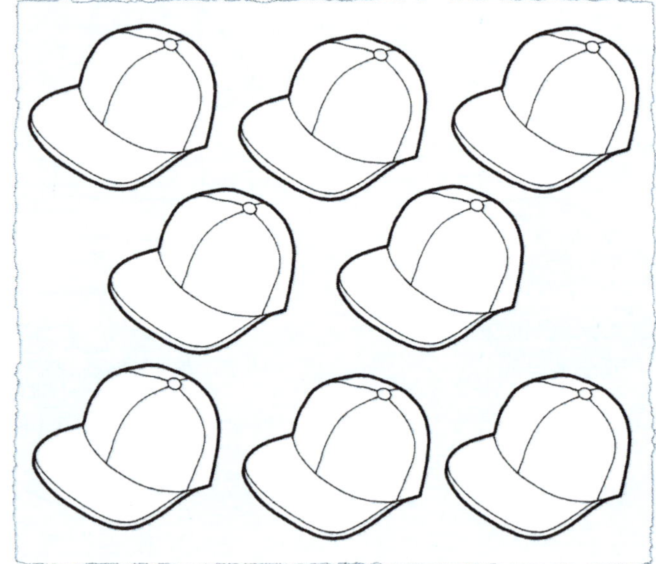

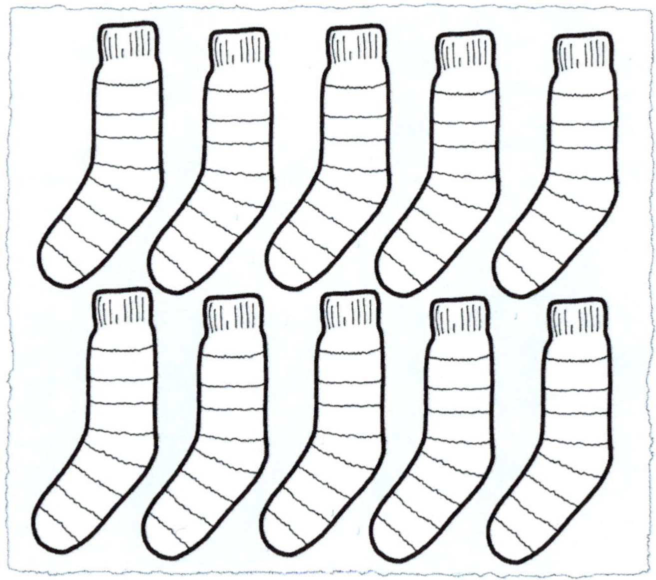

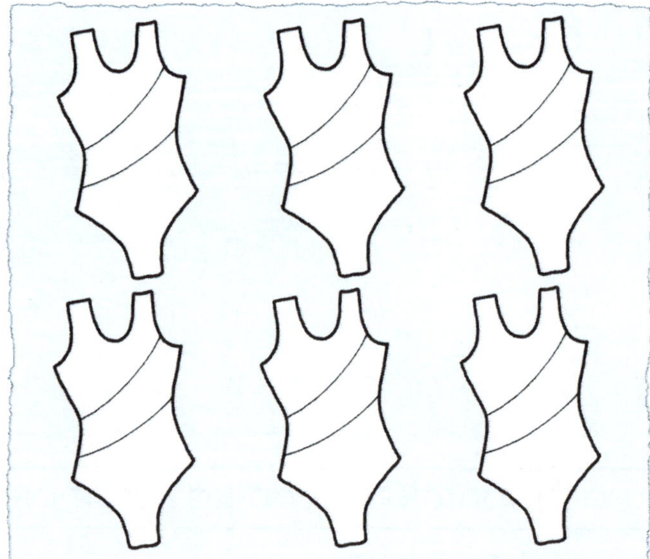

Nombre ______________________ Fecha ______________________

Colorea:

Lee y numera:

		7) medias
1) vestido	4) camisa	8) sombrero
2) blusa	5) pantalón	9) gorra
3) falda	6) zapatos	10) trusa

Nombre ______________________________ Fecha ____________________

Une:

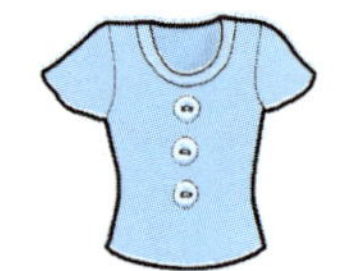 •  •

 •  •

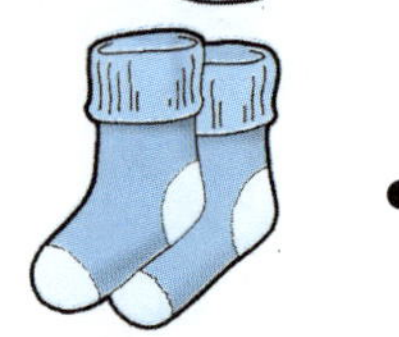 •  •

 • 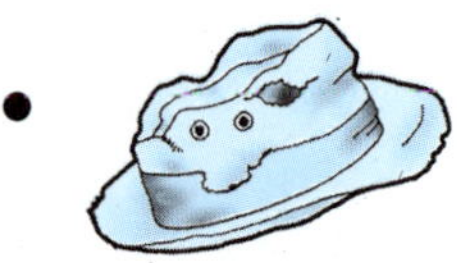 •

 •  •

Completa:

1) Un ______________________________ viejo.

2) Una ______________________________ nueva.

3) Una ______________________________ vieja.

4) Un ______________________________ nuevo.

5) Una ______________________________ nueva.

6) Unas ______________________________ viejas.

medias

camisa

Nombre ________________________ Fecha ________________

Observa:

$20.00

$3.00

$7.00

$8.00

$5.00

$12.00

$6.00

$10.00

$2.00

$15.00

Lee y completa:

1) La camisa cuesta ________________.
2) Los zapatos cuestan ________________.
3) La falda cuesta ________________.
4) Las medias cuestan ________________.
5) La gorra cuesta ________________.
6) La trusa cuesta ________________.
7) El vestido cuesta ________________.
8) El pantalón cuesta ________________.
9) La blusa cuesta ________________.
10) El sombrero cuesta ________________.

siete pesos
doce pesos
quince pesos
veinte pesos
diez pesos
seis pesos
tres pesos
ocho pesos
dos pesos
cinco pesos

Nombre ______________________ Fecha ______________

Une:

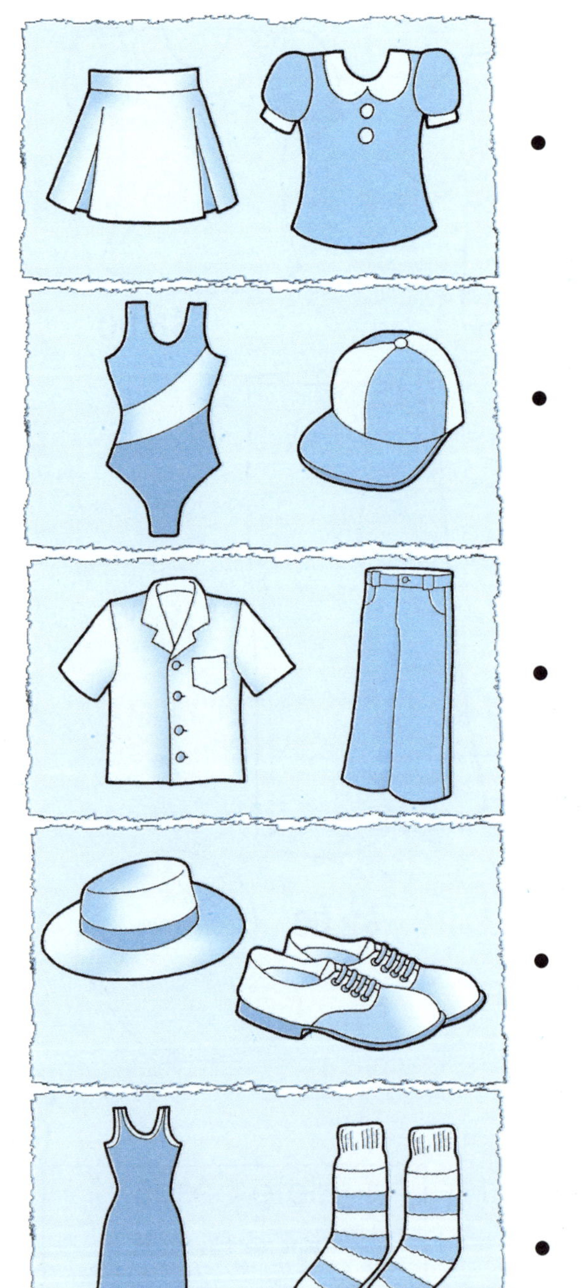

- sombrero y zapatos
- pantalón y camisa
- vestido y medias
- falda y blusa
- trusa y gorra

Completa:

1) Llevo ______________________.
2) Llevo ______________________.
3)Llevo ______________________.
4) Llevo ______________________.
5) Llevo ______________________.

Nombre ______________________________ Fecha ____________________

Completa:

Es ______________________________ .

Hace ______________________________ .

Es ______________________________ .

Hace ______________________________ .

Es ______________________________ .

Hace ______________________________ .

Es ______________________________ .

Hace ______________________________ .

verano	frío	viento	otoño	calor	invierno	buen tiempo	primavera

Nombre ______________________ Fecha ______________________

Circula:

1) Hace calor. Es . . .

otoño verano invierno

2) Hace viento. Es . . .

invierno primavera otoño

3) Hace mal tiempo. Es . . .

verano invierno primavera

4) Hace frío. Es . . .

primavera otoño invierno

Completa:

1) En la primavera hace ______________________ .

2) En el verano hace ______________________ .

3) En el otoño hace ______________________ .

4) En el invierno hace ______________________ .

5) Hay ______________ estaciones en el año .

calor

frío

cuatro

mal tiempo

viento

Nombre ______________________ Fecha ______________

Une:

1) Hace viento. Llevo . . . •

2) Hace frío. Llevo . . . •

3) Hace calor. Llevo . . . •

4) Hace mal tiempo. Llevo . . . •

Dibuja y colorea:

¿Qué llevas puesto?

Nombre ______________________ Fecha ______________________

Escribe:

______________________ 

______________________ 

______________________ 

______________________ 

______________________ 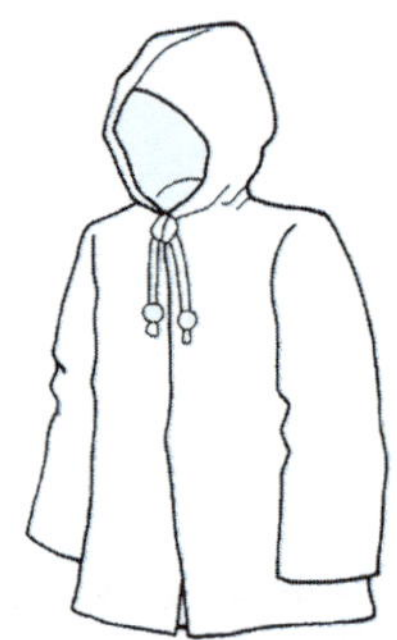

______________________ 

______________________ 

______________________ 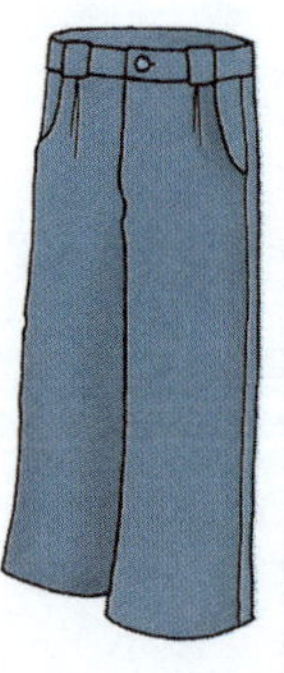

trusa	pantalón	capa de agua	abrigo
guantes	camisa	botas de agua	sandalias

Nombre ______________________ Fecha ______________________

Escribe:

En el año hay

______________ meses.

mayo	noviembre	febrero	abril	diciembre	octubre

julio	marzo	doce	septiembre	enero	junio	agosto

Nombre ______________________ Fecha ______________

1. ¿Qué tiempo hace hoy?
2. ¿Cuántos meses hay en el año?
3. ¿Qué tiempo hace en octubre?
4. ¿Hace frío en julio?
5. ¿Qué llevas puesto?
6. ¿Qué tiempo hace en primavera?
7. ¿Qué tiempo hace en invierno?
8. ¿Qué tiempo hace en verano?
9. ¿Qué tiempo hace en otoño?
10. ¿Cuáles son las estaciones del año?

Contesta:

1) Hace ______________.

2) Hay ____________ meses en el año.

3) En octubre hace ______________ ______________.

4) En julio ______________ hace frío.

5) Llevo ______________________.

6) En primavera hace ____________.

7) En invierno hace ______________.

8) En verano hace ______________.

9) En otoño hace ______________.

10) Las estaciones son: ____________, ____________, ____________, ____________.

Nombre ______________________________ Fecha ____________________

Completa:

Diciembre						
lunes	________	miércoles	________	viernes	sábado	________
1	2	3	4	5	6	7
8	9	10	11	12	13	14
15	16	17	18	19	20	21
22	23	24	25	26	27	28
29	30	31				

Completa:

1) Los días de la semana son ________________ , ________________ ,

________________ , ________________ , ________________ ,

________________ y ________________ .

2) El día 10 es ________________________ .

3) El día 22 es ________________________ .

4) Los días 26 y 27 son ________________ y ________________ .

5) Los días 23 y 24 son ________________ y ________________ .

6) Hoy es ________________ de ________________ .

Nombre ______________________________ Fecha ____________________

v	e	i	n	t	i	u	n	o	m	v	i	u	z	v	c
e	r	t	u	c	a	t	r	e	i	n	t	a	x	e	r
i	t	o	q	e	t	o	r	s	n	c	c	s	h	i	t
n	u	c	b	w	v	v	e	p	s	m	n	v	o	n	u
t	c	v	q	v	e	i	n	t	i	t	r	e	s	t	e
e	h	w	s	e	i	w	u	c	l	r	u	i	p	i	v
a	s	x	u	i	n	z	m	u	h	e	b	n	m	n	e
b	t	z	v	n	t	a	n	t	p	i	d	t	n	u	i
v	e	i	n	t	i	o	c	h	o	n	r	i	s	e	n
w	r	d	s	i	d	s	u	t	r	t	l	c	t	v	t
x	c	a	m	s	o	t	r	u	s	a	h	u	v	e	i
y	o	u	u	e	s	v	c	d	v	y	v	a	l	s	s
c	t	v	o	i	w	w	d	b	w	u	w	t	s	p	i
d	w	z	r	s	x	x	e	t	x	n	c	r	w	v	e
t	r	e	i	n	t	a	x	m	z	o	b	o	x	c	t
v	e	i	n	t	i	c	i	n	c	o	d	l	c	i	e

veinte	treinta	veintisiete
veintiuno	veintitrés	veinticinco
veintiocho	treinta y uno	veintinueve
veintiséis	veintidós	veinticuatro

LECCIÓN 11

Nombre ______________________ Fecha ______________

Completa:

Adiós

¿Qué día es hoy?

el día

¿Cómo estás?

la escuela

Hasta luego

lunes

sol y calor

bien, gracias

abuela: –¡Hola Ema! ¿ ______________________ ?

Ema: –Estoy ______________________ .

abuela: –Ema, ¿ ______________________ ?

Ema: –Hoy es ______________________ .

abuela: –¿Adónde vas?

Ema: –Voy a ______________________ .

abuela: ¿Cómo está ______________________ ?

Ema: –Hace ______________________ .

abuela: – ______________________ Ema.

Ema: – ______________________ abuela.

Nombre ______________________ Fecha ______________

Une:

- veintiuno
- veintidós
- veintitrés
- veinticuatro
- veinticinco
- veintiséis
- veintisiete
- veintiocho
- veintinueve
- treinta
- treinta y uno

24

30

27

23

28

25

Suma y completa:

29 + 2 = ______________________

21 + 5 = ______________________

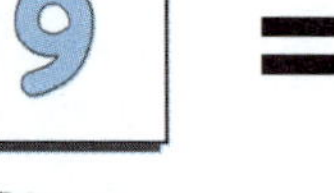

20 + 9 = ______________________

23 + 4 = ______________________

veintisiete	veintiséis	veintinueve	treinta y uno

Nombre ______________________________ Fecha ____________________

Completa:

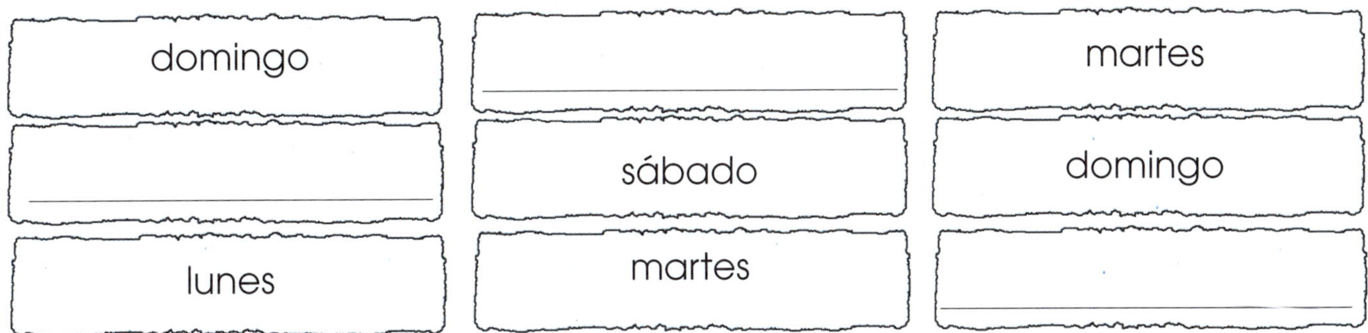

lunes	martes	miércoles	jueves	viernes	sábado	domingo
	1	2	3	4	5	6
7	8	9	10	11	12	13
14	15	16	17	18	19	20
21	22	23	24 hoy	25	26	27
28	29	30	31			

Completa:

1) La semana tiene ______________________________ días.

2) Voy a la escuela los días ____________________ , ____________________ ,

____________________ , ____________________ y ____________________ .

3) Vamos a jugar béisbol el ______________________________ .

4) Hoy es ______________________________ , voy a casa de mi abuela.

LECCIÓN 11

Nombre ______________________________ Fecha ______________________

1 2 3 4 5 6 7 8

martes

¿En qué mes estamos?

31

$5.00

LECCIÓN 11

Nombre ______________________ Fecha ______________

Observa y escribe:

Es el

______________________.

Es el

______________________.

Es el

______________________.

Es el

______________________.

Es la

______________________.

mediodía	anochecer	amanecer	medianoche	reloj

Nombre ______________________________ Fecha ____________________

Une:

- son las cuatro
- son las diez
- es la una
- son las siete
- son las doce
- son las cinco
- son las ocho
- son las dos
- son las seis
- son las nueve
- son las once
- son las tres

Escribe:

Son las ____________________.

Son las ____________________.

Son las ____________________.

Es la ____________________.

Son las ____________________.

Son las ____________________.

doce	cuatro	nueve	siete	una	once

Nombre ______________________________ Fecha ____________________

Observa y dibuja:

Nombre ______________________ Fecha ______________

Observa y escribe:

Son las ______________.

Es la hora de ______________.

Son las ______________.

Es la hora de ______________.

Son las ______________.

Es la hora de ______________.

Son las ______________.

Es la hora de ______________.

Son las ______________.

Es la hora de ______________.

dormir	cuatro	estudiar	doce y media	jugar
descansar	diez	dos y media	comer	cinco y media

Nombre ______________________ Fecha ______________

Observa y escribe:

Horario	
8:00 - 9:00	entrada
9:00 - 10:00	español
10:00 - 11:00	biblioteca
11:00 - 12:00	matemática
12:00 - 12:30	cafetería
12:30 - 1:00	historia
1:00 - 2:00	arte
2:00 - 2:30	música
2:30 - 3:00	juegos
3:00 - 3:30	salida

Ejemplo:

1) ¿A qué hora vamos a la escuela?

   Vamos a las 8:00.

2) ¿A qué hora vamos a la clase de español?

   ______________________________________.

3) ¿A qué hora vamos a la biblioteca?

   ______________________________________.

4) ¿A qué hora vamos a la clase de arte?

   ______________________________________.

5) ¿A qué hora vamos a la cafetería?

   ______________________________________.

6) ¿A qué hora vamos a jugar?

   ______________________________________.

7) ¿A qué hora vamos a casa?

   ______________________________________.

Nombre ______________________________ Fecha ____________________

Circula:

m	w	e	t	y	u	i	d	f	g	h	o	r	a	q	w
a	b	p	y	t	p	q	o	s	a	x	w	m	n	p	d
ñ	c	v	b	m	n	a	r	q	w	t	r	e	l	o	j
a	x	d	f	r	t	h	m	t	z	x	b	n	m	o	o
n	o	e	s	t	u	d	i	a	r	v	m	t	m	x	p
a	b	n	i	p	t	r	r	r	e	w	t	a	r	d	e
j	u	g	a	r	b	y	u	d	n	p	l	y	s	w	q
u	t	h	l	e	b	k	v	e	c	e	d	w	r	p	q
p	d	e	s	c	a	n	s	a	r	s	y	o	p	l	j
l	m	i	l	o	y	u	t	b	p	c	m	m	o	i	u
p	p	i	y	r	p	o	y	u	r	r	w	a	s	d	g
t	o	y	t	t	l	k	c	o	m	i	n	a	r	u	a
n	p	e	g	a	r	l	t	y	u	b	v	r	f	r	r
o	t	o	k	r	i	m	r	j	k	i	b	e	b	t	j
c	o	m	e	r	u	n	l	e	e	r	n	q	b	e	b
h	r	n	o	p	r	b	d	e	s	a	v	w	r	w	c
e	n	b	m	n	n	o	c	h	e	f	u	p	o	y	t

1) reloj
2) leer
3) tarde
4) pegar
5) estudiar
6) descansar
7) comer
8) noche
9) escribir
10) hora
11) recortar
12) jugar
13) dormir
14) mañana

Nombre ________________________________ Fecha ____________________

Une:

regalos

piñata

torta

caramelos

globos

refresco

foto

juguetes

Nombre ______________________ Fecha ______________

Observa y escribe:

Invitamos a ______________________,

al cumpleaños de ______________________

Lugar ______________________

Hora ______________________

Fecha ______________________

¡Te esperamos! ¡No faltes!

LECCIÓN 13

Nombre ______________________________ Fecha ____________________

Dibuja, colorea y completa:

Yo tengo ____________________ años.

LECCIÓN 13

Nombre ______________________________ Fecha ____________________

Lee:

El cumpleaños de Pepe

Hoy es el cumpleaños de Pepe.

Tiene ocho años.

Tiene muchos regalos.

¡Vamos al cumpleaños!

Circula:

1) Es Pepe  . . . . sí no

2) Hoy es el cumpleaños de Ulises. . . . . sí no

3) Pepe tiene cinco años. . . . . sí no

4) Pepe tiene muchos regalos. . . . . sí no

5) ¡Vamos al cumpleaños! . . . . sí no

Felicidades en tu día.
Que lo pases con gran alegría.
Muchos años de paz y armonía.
¡Felicidad, felicidad, felicidad!

Escribe:

–¿Cuántos años tienes tú?

–Tengo ______________ años.

Nombre ______________________ Fecha ______________________

Une:

• Quiero cantar.

• Quiero estudiar.

• Quiero comer.

• Quiero jugar al burro.

• Quiero escribir.

Nombre ______________________________ Fecha ____________________

Une:

A•	•i
E•	•u
I•	•e
O•	•a
U•	•o

Busca y escribe:

1) l ___ n ___ ___ 2) s ___́ b ___ d ___ 3) m ___ rt ___ s

4) v ___ ___ rn ___ s 5) d ___ m ___ ng ___ 6) j ___ ___v ___ s

7) m ___́ ___ rc ___ l ___ s

domingo	sábado	miércoles

jueves	martes	viernes	lunes

Nombre ______________________________ Fecha ____________________

Une:

oso

mono

estrella

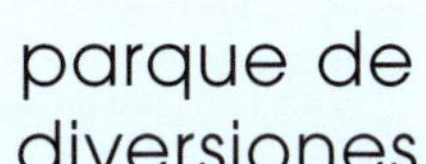

montaña rusa

carrusel

león

Nombre ______________________ Fecha ______________

Lee y completa:

Lupe va a la  ______________ con su 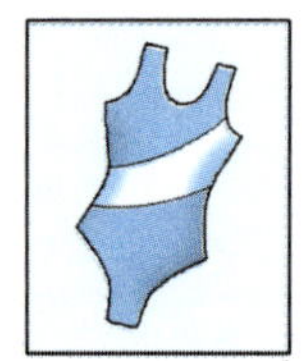 ______________

y sus  ______________ nuevas. La mamá tiene una

 ______________ . Hace mucho  ______________ .

El papá toma un  ______________ , tiene calor. El

hermano de Lupe va a volar el  ______________ . La

hermana quiere jugar en la  ______________ . A las

______________ van a comer la  ______________ :

 ______________ ,  ______________ , 

______________ y  ______________ .

trusa torta sandalias papitas merienda tres y media caramelos
playa papalote perro caliente sol refresco arena sombrilla

Nombre ______________________ Fecha ______________

Escribe:

①

②

③

④

⑤

⑥

Horizontales

Verticales

1) Voy a ______________________ . 4) Voy a ______________________ .

2) Voy a ______________________ . 5) Voy a ______________________ .

3) Voy a ______________________ . 6) Voy a ______________________ .

jugar	comer	nadar	cantar	leer	mirar

LECCIÓN 14

Nombre ______________________ Fecha ______________________

Une y copia:

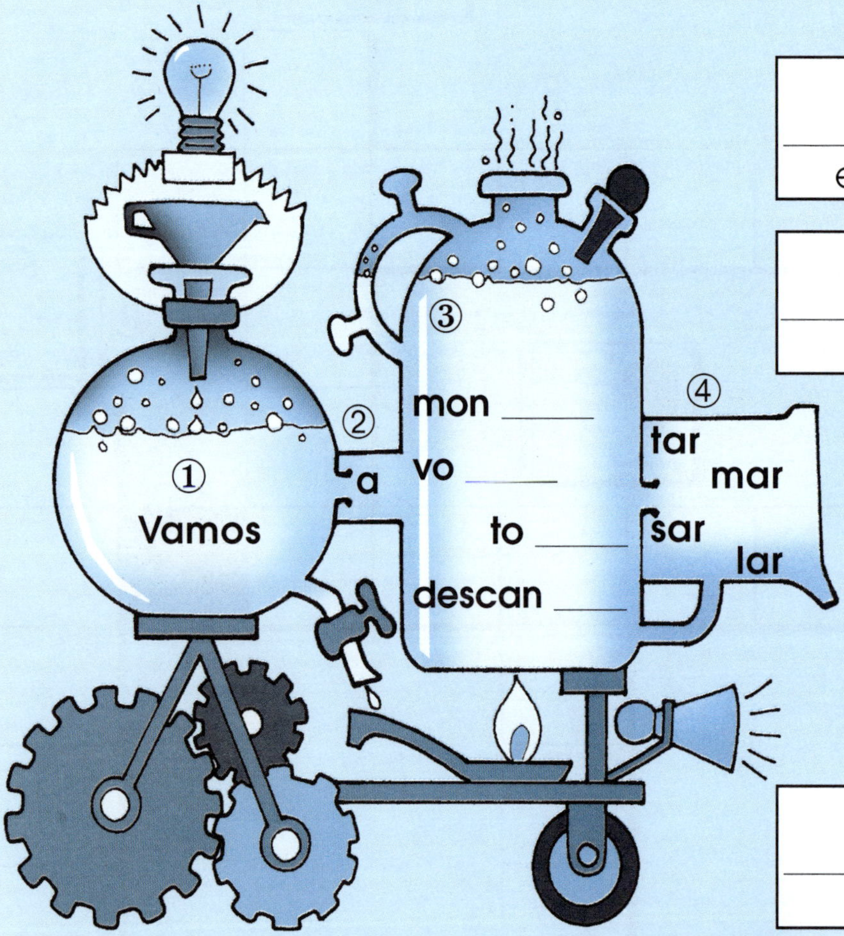

____ en el carrusel.
____ el papalote.
____ refresco.
____ al campo.

Copia:

1) ______________________________ .

2) ______________________________ .

3) ______________________________ .

4) ______________________________ .

Repasa

Nombre ______________________________ Fecha ____________________

Circula:

1) Vivo en una ....

2) Mi casa es ....

3) En la sala hay una ....

4) En la cocina hay una ....

5) En el comedor hay una ....

6) Hoy hace frío. Llevo un ....

7) Voy a la escuela el ....

pequeña

8) Mi familia es ....

LECCIÓN 14

Nombre ______________________ Fecha ______________

Circula:

1) Hace sol, estoy ....

2) Quiero ir a la tienda de ropa a buscar unas ....

3) Quiero comer ....

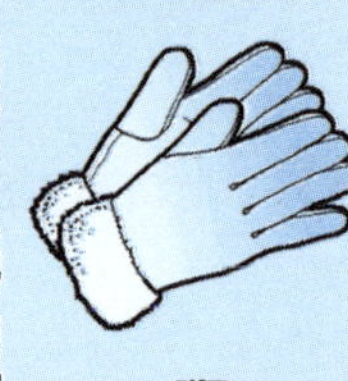

4) Es enero y hace ....

5) Son las ocho y media ....

6) El sábado voy al ....

7) En la noche voy a la ....

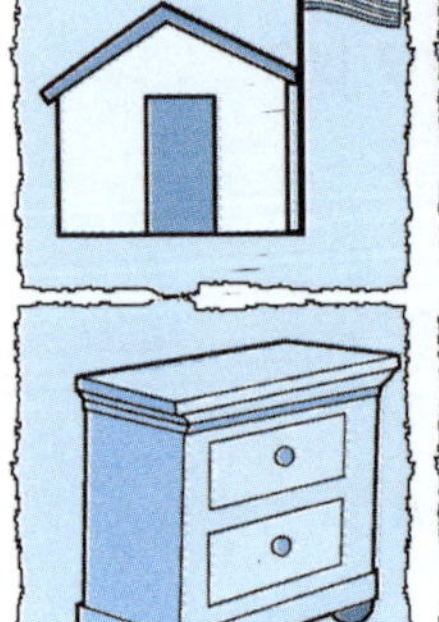

8) Ayer fue jueves. Hoy es ....

viernes 1 | martes 3 | jueves 31